Libras, pies y pulgadas
Pounds, Feet, and Inches

Holly Karapetkova

ROURKE PUBLISHING

Vero Beach, Florida 32964

www.rourkepublishing.com

PHOTO CREDITS: © Julia Nichols: Title Page; © Segheia Velusceac: 3; © JLBarranco: 5; © DGSpro: 7; © kledge: 7, 22; © Don Bayley: 9; © Kateryna Potrokhovo: 11; © Jaimie D. Travis: 11; © Skip ODonnell: 13, 23; © Stepan Popov: 15; © rusm: 17, 23; © blackred: 17; © janeff: 19; © DNY59: 19; © Stephan Coburn: 20; © Sandra G: 21

Editor: Meg Greve

Cover design by Nicola Stratford, bdpublishing.com

Interior Design by Heather Botto

Bilingual editorial services by Cambridge BrickHouse, Inc.   www.cambridgebh.com

Library of Congress Cataloging-in-Publication Data

Karapetkova, Holly.
  Pounds, feet, and, inches / Holly Karapetkova.
     p. cm. -- (Concepts)
  ISBN 978-1-60694-378-6 (hardcover)
  ISBN 978-1-60694-510-0 (softcover)
  ISBN 978-1-60694-568-1 (bilingual)
  1. Units of measurement--Juvenile literature. 2. Length measurement--Juvenile literature. I. Title.
  QC90.6.K3686 2010
  530.8'1--dc22
                              2009015990

Printed in the USA

CG/CG

www.rourkepublishing.com - rourke@rourkepublishing.com
Post Office Box 643328 Vero Beach, Florida 32964

¿Qué es una libra?

What is a pound?

Una libra mide el peso.
Nos dice cuán pesado
es algo.

A pound measures weight.
It tells us how heavy
something is.

5

Una barra de pan pesa
alrededor de una libra.

A loaf of bread is about
a pound.

¿Qué es un pie?

What is a foot?

Un pie mide distancias.
Nos dice cuán largo,
profundo, o alto es algo.

A foot measures distances.
It can tell us how long,
how deep, or how tall.

Un balón de fútbol americano mide casi un pie.

A football is about a foot long.

Las pulgadas miden distancias también. Son más pequeñas que un pie.

Inches also measure length. They are smaller than a foot.

Una presilla de papel mide casi una pulgada.

A paper clip is about an inch long.

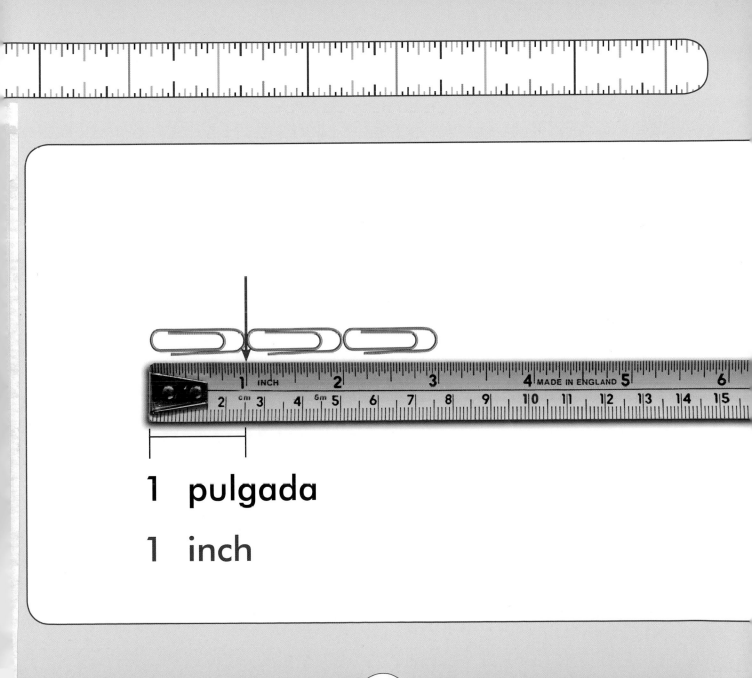

1 pulgada

1 inch

¿Cuántas pulgadas tiene un pie?

¡DOCE!

How many inches are in a foot?

TWELVE!

1 pie   1 foot

¿Cuántas libras pesas TÚ?

How many pounds do YOU weigh?

¿Cuánto mides TÚ en pies y pulgadas?

How tall are YOU in feet and inches?

Conversión del sistema inglés al sistema métrico

Converting Measurements from Customary to Metric

1 libra = 454 gramos
1 pound = 454 grams

(sistema inglés)   (sistema métrico)

(customary)   (metric)

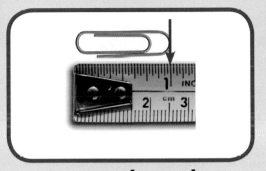

1 pulgada
1 inch

(sistema inglés)   (customary)

=

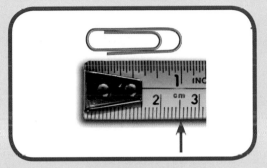

2.5 centímetros
2.5 centimeters

(sistema métrico)   (metric)

1 pie
1 foot

(sistema inglés)   (customary)

=

0.3 metro
0.3 meter

(sistema métrico)   (metric)

Índice / Index

alto / tall   10, 21
distancias / distances   10, 14
libra(s) / pound(s)   3, 4, 6, 20, 22
mide / measure(s)   4, 10, 14
pesado / heavy   4

peso / weight   4
pie / foot   8, 10, 12, 14, 18
pulgada(s) / inch(es)   14, 16, 17,
18, 21, 23

Visita estas páginas en Internet / Websites to Visit

www.funbrain.com/measure/
www.harcourtschool.com/activity/longer_shorter/
www.crickweb.co.uk/assets/resources/flash.php?&file=simplescales2
www.bbc.co.uk/schools/ks1bitesize/numeracy/measurements/
www.bbc.co.uk/schools/ks2bitesize/maths/activities/measures.shtml

Sobre la autora / About the Author

A Holly Karapetkova, Ph.D., le encanta escribir libros y poemas para niños y adultos. Ella da clases en la Universidad de Marymount y vive en la zona de Washington, D.C., con su hijo K.J. y sus dos perros, Muffy y Attila.

Holly Karapetkova, Ph.D., loves writing books and poems for kids and adults. She teaches at Marymount University and lives in the Washington, D.C., area with her son K.J. and her two dogs, Muffy and Attila.